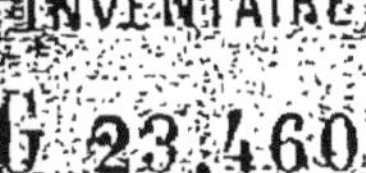

SOLUTION RATIONNELLE
DU
CONFLIT EUROPÉEN

EXAMEN CRITIQUE DES SYSTÈMES RÉGNANTS

ET

POLITIQUE INTERNATIONALE

S'affranchir, c'est l'idéal de l'humanité (page 3).

Le drame historique. — Grandes choses et grands mots.
Théorie de l'équilibre européen. — Théorie des nationalités. — Théorie des agglomérations.
Vice capital de ces diverses théories. — Principes, but et moyens.
— *Décalogue international.*
Exposé des motifs du projet de *Décalogue international.* — Conclusion.

1 franc

PARIS
ARMAND LE CHEVALIER, LIBRAIRE-ÉDITEUR
RUE DE RICHELIEU, 61
1867

SOLUTION RATIONNELLE
DU
CONFLIT EUROPÉEN

EXAMEN CRITIQUE DES SYSTÈMES RÉGNANTS

DE

POLITIQUE INTERNATIONALE

S'affranchir, c'est l'idéal de l'humanité (page 4).

Le drame historique — Grandes choses et grands mots. —
Théorie de l'équilibre européen.—Théorie des nationalités.—Théorie des agglomérations
Vice capital de ces diverses théories. Principes, but et moyens.
Décalogue international. —
Exposé des motifs du projet de *Décalogue international* — Conclusion.

PARIS
ARMAND LE CHEVALIER, LIBRAIRE-ÉDITEUR,
RUE DE RICHELIEU, 61.

1867

SOLUTION RATIONNELLE

DU

CONFLIT EUROPÉEN [1]

I

Les luttes dont l'histoire offre le spectacle, pour quiconque y regarde de près, ne sont que l'expression plus ou moins exacte, plus ou moins méthodique, des efforts pacifiques tantôt et tantôt désordonnés que l'humanité fait sans cesse pour échapper aux tristes effets de ses méprises, et plus encore, pour donner satisfaction à l'inextinguible besoin de justice et de liberté qui l'anime.

L'ignorance, la faiblesse, la lâcheté d'une part, l'égoïsme, l'audace, l'astuce d'autre part, amènent de peuple à peuple, de gouvernants à gouvernés, des situations humiliantes et meurtrières que les victimes sont condamnées à surmonter tôt ou tard, sous peine de s'évanouir dans l'ignominie. Alors, il y a lutte; mais, mieux vaut la lutte que la mort dans la honte.

(1) Ces quelques pages sont extraites d'un ouvrage en cours de préparation. L'auteur a cru trouver des motifs suffisants pour la publication distincte et anticipée de ce travail, dans l'importance spéciale et l'actualité des questions qui sont débattues sous ce double titre.

S'affranchir, c'est l'idéal de l'humanité ; c'est son droit, c'est son devoir : c'est, et ce doit être son but. Et c'est le récit de ces longs efforts vers une émancipation plus complète, qui remplit les annales de l'histoire ; et c'est du bruit de la lutte pour la liberté et des plaintes des victimes que retentissent encore tous les échos du passé.

Pour ne pas remonter plus haut, que signifient ces mouvements et ces agitations du XVIe siècle ? Contre quel ange, ou plutôt quel démon, luttent les peuples, véritable et invincible Israel ? Ils combattent, là comme ailleurs, contre leur éternel ennemi, contre l'esclavage, cet insaisissable Protée, cette hydre de Lerne aux cent têtes. Un culte, fécond à son origine, libéral pour les temps où il s'établit au sein des nations barbares, s'est converti en un vaste système d'intolérance sanglante et de domination oppressive, par suite de cette inévitable déviation que l'égoïsme des uns et l'ignorance des autres impriment dans la suite des temps aux plus belles institutions. La raison, la conscience, longtemps étouffées, s'insurgent enfin. L'étude du passé alimente la révolte ; la renaissance littéraire et philosophique coïncide avec la réforme... tant il est vrai que les lumières marchent de front avec la liberté ; tant il est vrai que le rayon qui féconde l'intelligence porte en lui la chaleur qui épure les âmes, la force qui meut et élève les esprits.

L'édit de Nantes consacre la conquête du libre examen et sanctionne les droits de la conscience... Néanmoins, mille inégalités, mille priviléges séparent encore les hommes, paralysent les plus hautes facultés de l'esprit, entravent l'activité humaine : les Inspirés de 89 livrent alors une suprême bataille au monstre de la féodalité, et la nuit du 4 août sonne le glas du vieux monde... Rome, qui avait dit : La vérité, c'est moi, et la royauté, qui avait dit : L'État, c'est moi, se trouvent successivement terrassées. Premier acte — la Réforme ; deuxième acte — 89. Aujourd'hui, qu'on me passe ce mot, l'Europe joue une des scènes de ce troisième acte commencé en 1848, et qui s'achèvera... à l'heure marquée par les destins.

II

De grands mots, car l'humanité a de grands mots pour exprimer de grandes choses, caractérisent ces émancipations successives et marquent les étapes de cette ascension vers le bien, dans l'amour, la lumière et la liberté, ce qui est tout un. Réforme, équilibre, démocratie, nationalités, ne sont que l'expression militante dont s'arme, pour mieux se faire reconnaître et s'affirmer, cet inextinguible besoin de justice et de liberté dont nous parlions plus haut.

A mesure que l'ambition, la tyrannie, le fanatisme pervertissent la signification primitive de ces mots, ou que le progrès des temps fait sentir leur insuffisance à exprimer les besoins et les conceptions des peuples qui les emploient, ceux-ci en créent ou en adoptent d'autres, toujours pour mieux révéler leur désir, pour marquer d'une façon plus explicite l'objectif de leur conscience et de leur raison.

L'examen des théories qui s'abritent sous ces expressions collectives ne saurait être une vaine entreprise. Nous nous bornerons, au reste, dans l'étude présente, à une courte revue des systèmes auxquels ont donné naissance les relations internationales, essayant d'éclairer ces systèmes, encore plus aux lumières de la raison qu'aux discutables leçons de l'histoire.

III

Dans l'ordre restreint d'idées que je viens d'indiquer, le premier système qui s'offre à notre attention est celui qu'on a appelé la theorie de l'*équilibre européen*. Ce systeme est defendu et patronné aujourd'hui même, quoiqu'il soit assez vieux, par des hommes dont je suis le premier à reconnaître l'immense talent et a respecter la haute autorité. Si on nous a bien compris, si nous nous sommes bien expliqué, on doit voir dès maintenant que pour nous le mot d'équilibre n'est pas un mot chimérique. Il a son côté vrai, sa légitime portee. Néanmoins. l'application qui en a éte faite s'est fourvoyée, d'après nous, dans des essais irrationnels et fallacieux, qui, par leurs erreurs et leurs abus, ont inspiré de nouvelles conceptions, et fait surgir des mots plus compréhensifs, non moins sujets toutefois à des interprétations erronées, et dont nous devrons, par conséquent, contrôler l'exactitude et garantir les fécondes applications.

Ces erreurs et ces abus ont été non pas le fait du principe, mais le fait du système. Le principe d'équilibre a une valeur intrinsèque absolue ; le système d'équilibre n'a d'autre valeur et d'autre mérite que le mérite et la valeur de l'intelligence qui le conçoit, de la volonté qui le réalise. Je mets de côté le principe, qui est un fait d'ordre divin ; j'examine le système, qui n'est que l'œuvre des hommes.

Après de longs siècles d'anarchie internationale et de luttes sanglantes, les races qui se trouvaient établies depuis longtemps sur le continent européen, et qui y avaient acquis chacune un territoire assez vaste pour y exercer toute leur activité individuelle, entrevirent enfin qu'il serait plus sage et plus fructueux pour elles de se contenter de leurs possessions respectives, que de continuer à se disputer, l'arme au poing, des lambeaux de ce sol. Ce besoin, ce sentiment engendra l'idée d'équilibre, laquelle n'est au fond que l'idée de conservation, transportée sur son plus vaste domaine d'application. C'était bien, c'était juste. Mais, voyez les suites de l'ignorance des temps et des infirmités de la nature humaine! Cette idée si belle et si féconde ne fut comprise et réalisée, en passant sur le terrain de la pratique, que dans l'ordre incomplet et aléatoire des éléments matériels. Etre grossier et matériel, avant que la civilisation l'ait spiritualisé et dégrossi, l'homme, hélas! ne saisit les conséquences d'un principe que dans ce qu'elles ont de plus sensible et de plus frappant. Répartir le sol dans telles conditions, sanctionner les partages par des traités, les garantir par des citadelles, fut, pour les artisans de cette première tentative, mettre le dernier sceau à la fondation d'un équilibre complet et durable. Et même dans ce cercle si étroit, les choses furent faites de la façon la plus informe et la moins équitable.

En effet, au cas même où l'on rechercherait exclusivement dans la répartition des forces physiques les conditions d'un équilibre satisfaisant, est-ce bien dans l'œuvre de Westphalie ou de 1815 qu'on trouverait une organisation conforme aux exigences de cette donnee, toute matérielle d'ailleurs, je le répète? Certes non : en partant de ce point de vue, il aurait fallu, au moins, procéder à un inventaire exact et à un rapport commun de toutes les forces prises dans le sol et dans la population; puis, diviser ce tout en autant de fractions égales qu'on aurait voulu obtenir de peuples distincts et indépendants. Et neanmoins, hâtons-nous de le dire, cette division purement censitaire et kilométrique eût été elle-même impuissante pour constituer et maintenir les nations dans un état d'équilibre définitif : une foule d'agents physiques et moraux, dont les influences échappent à toute prévision humaine et à toute évaluation positive, parce qu'elles dépendent d'un lendemain inconnu, serait venue, un peu plus tôt un peu plus tard, altérer dans ses éléments d'abord, puis miner dans sa base cette inconsistante pondération. De sorte que, si l'on voulait un équilibre aussi réel que permanent, sans sortir de la sphère des combinaisons matérielles, il faudrait adopter, d'un commun accord, un système de partages et de remaniements annuels de l'Europe dans lesquels on aurait soin de tenir compte à la fois des différences actuelles et des variations futures.

Qu'on ne se hâte pas de se récrier, car ce n'est pas cela que nous demandons. Nous avons voulu tout simplement montrer que cet équilibre de forces et de richesses, le seul que la politique semble avoir eu en vue jusqu'ici, n'a pas même été essayé dans ses conditions les plus élémentaires. Et non-seulement les gouvernements du passé n'ont pas su, ou n'ont pas pu organiser une pondération géographique passable, mais on les a vus se laisser aller à la coupable fantaisie de rompre, tour à tour, ces essais d'équilibre dont ils recueillaient l'héritage des cabinets antérieurs — ce qui n'est pas une preuve de respect — ou dont ils avaient été eux-mêmes les artisans avant d'en devenir les démolisseurs, — ce qui n'est ni une preuve de logique ni une preuve de sagesse.

L'histoire confirme nos appréciations et justifie notre critique. A deux époques principalement, dont l'une ouvre et dont l'autre ferme la série des temps modernes, les gouvernements, libres de toute pression populaire, ont essayé de traduire en fait la théorie de l'équilibre européen. Or, quelle fut la durée de l'œuvre solennellement proclamée aux traités d'Osnabruck et de Munster, complétée quelque temps après par la paix des Pyrénées? Quelle fut la durée des traités de 1815 remaniés et complétés par une foule de traités et de congrès postérieurs? Cette durée fut de quelques années à peine. Reconnaissons toutefois que les négociateurs de la paix de Westphalie furent animés de meilleures intentions, et guidés par des vues plus hautes et plus équitables que les diplomates de 1815, dont l'entreprise, aussi fragile que celle de leurs devanciers, fut si inique et si aveugle dans ses résultats, qu'on est en droit d'en conclure que le sens politique des cours, au lieu de s'élever et de s'épurer durant cet espace de près de deux siècles, n'avait fait que décliner et se corrompre. En 1661, l'Europe avait fait un pas en avant; en 1815, elle fit un grand pas en arrière. Il est vrai qu'aux congrès de Vienne et de Vérone, les augustes signataires de la *Sainte-Alliance* avaient à venger les échecs que leur avaient fait éprouver les sans-culottes, et les défaites répétées que leur avait fait subir un ex-lieutenant d'artillerie, dont le génie de la Révolution avait fait leur maître... C'étaient là des humiliations que les âmes royales ne pardonnent pas toujours, et on se vengea, en se distribuant tout à l'aise les peuples épuisés de lassitude et abreuvés de misère. Déjà les sans-culottes dormaient leur fier et glorieux sommeil aux champs de Jemmapes et de Fleurus, et le lion d'Austerlitz agonisait à Longwood, sur l'aride rocher de Sainte-Hélène. Beau moment pour un nouveau partage, heure propice pour la fondation d'un nouvel équilibre!...

Si nous rememorons ces tristes souvenirs, si nous constatons ces infructueuses et funestes tentatives, ce n'est pas pour la stérile satisfaction de prendre en flagrant délit d'erreur et d'impuissance les ombres du passé, mais parce que nous y trouvons des indications pour l'avenir, et qu'ils nous fournissent le droit de supplier les souverains de nos jours d'accorder et de conserver à cette pauvre Europe, trop longtemps bouleversee par les fureurs de la guerre, la tranquillité dont elle a si grand besoin et les libertés qui lui sont indispensables.

Et c'est dans cette modération réciproque, dans ce désintéressement mutuel des peuples, et surtout des gouvernements, puisque ce sont eux qui mènent encore les peuples, que réside le principal élément d'un équilibre juste et durable. Placer la condition supérieure de l'équilibre européen dans une certaine égalité de forces défensives et de possessions territoriales, c'est s'exposer à ne jamais résoudre la question qu'à demi; c'est se condamner à une série de chocs perpétuels, car, ceci est à remarquer, toutes ces combinaisons, tout en étant un moyen considérable d'arriver à une pondération rationnelle, sont loin de posséder la vertu essentiellement pondératrice, dont le siége est plus haut, dans le domaine de la conscience, dans la loi morale des choses, dans le respect des droits du prochain, religieusement gardé et religieusement entendu. Si les gouvernements etaient justes, sages, désintéressés, si les peuples n'étaient pas égarés par le rêve menteur de la conquête, qu'importerait que tel État eût cent mille lieues carrées d'étendue, tandis que tel autre n'en aurait que vingt, dix, ou même moins? Cela n'importerait pas plus qu'il n'importe que tous les citoyens aient indistinctement six pieds de haut, dans un pays où la loi, sévère gardienne des prescriptions de la conscience, oblige le fort à respecter le faible, et fait régner ainsi le principe d'égalité, d'équilibre civil, si l'on veut. Ce que la loi et la morale réalisent entre citoyens d'un État libre et civilisé, le droit, la justice, l'honnêteté des cours, ne pourraient-ils pas, ne devraient-ils pas le réaliser entre peuples? Faut-il que le canon soit toujours *l'ultima ratio regum*, faut-il que l'on puisse toujours dire : *quidquid delirant reges, plectuntur Achivi?...*

Cela donc est évident, et nous n'avons pas voulu dire autre chose : l'équilibre européen ne sera qu'une chimère, tant que ceux qui ont charge d'âmes ne s'élèveront pas, d'un mouvement parallèle, au-dessus des funestes passions de l'égoisme, tant qu'ils ne feront pas entrer dans leurs conseils et leur ligne de conduite la droiture, la sincérité, l'esprit de paix, de justice, de liberté. Ils auront beau réunir des conférences, invoquer monts et rivières, envoyer des arpenteurs à droite et des diplomates à gauche... tout cela n'amènera qu'un équilibre-bascule, un perpétuel déplacement de forces au milieu de désordres sans fin. Et le grand moyen de hâter la realisation de cette grande œuvre, le grand moyen de s'approcher de cette sphère de justice et de raison, c'est, non pas d'élever des forteresses, mais de les démolir, non pas de mettre des fleuves et des montagnes entre les peuples, mais de les relier par des ponts et des tunnels, non pas de multiplier les engins destructeurs, mais de les fondre tous et partout au haut fourneau, et d'en faire des colonnes surmontées de l'ange de la paix et du génie de la liberté. Le grand, le vrai moyen de hâter ce jour de fraternité et de réconciliation universelle, et, par suite, d'équilibre definitif et inébranlable, c'est que le bon exemple soit partout donné d'en haut, c'est que les voies soient ouvertes à toutes les activités, c'est que tout soit mis en commun par les échanges, l'industrie, le commerce, la civilisation. Dès lors, toute l'importance que l'on attache de nos jours à la puissance territoriale disparaîtra pour faire place à des ambitions plus légitimes, ou, si cette puissance matérielle méritait encore une certaine mesure de considération, il ne nous sera pas plus difficile de trouver et de répartir les éléments dont elle se compose, qu'il n'est difficile, entre frères amis et loyaux, de déterminer la part d'héritage qui doit revenir à chacun d'eux.

IV

Si le dogme des nationalités doit nous aider à atteindre ce but, n'hésitons pas à lui accorder une large place au Code du droit international. Mais gardons-nous bien de rééditer, dans l'application de la nouvelle théorie, les erreurs qui ont faussé le vieux système de l'équilibre européen. Le nombre des principes directeurs, de même que celui de leurs caractères essentiels, n'est pas aussi élevé qu'on se l'imagine. Ce qui est multiple et varié à l'infini, ce sont les conséquences erronées que l'égoïsme et la passion s'évertuent à tirer de ces principes. Le meilleur préservatif à employer contre ce parasitisme sophistique qui, sous la livrée de la vérité, est mille fois plus à craindre et plus dangereux que l'erreur franche et brutale, c'est de prendre pour règle et pour habitude de courir droit au fond des choses, en toute question, et d'essayer de saisir d'une main prudente et hardie les attributs essentiels des principes. Voyons si, en faisant usage de ce précepte, nous n'arriverons pas à reconnaître que la communauté d'origine, la conformité de langues, les configurations territoriales, etc., ne sont pas, après tout, des caractères purement relatifs, qu'il ne faut admettre dès lors qu'à titre d'indices ou d'appoint dans un essai de formation rationnelle des États européens. La raison qui nous porte à relé-guer au second plan les arguments que l'on tire des faits précités, c'est que si on les prenait pour juges souverains, ils nous conduiraient à des impossibilités ou à des injustices le plus souvent, et parfois nous feraient reculer vers un passé dont la théorie des nationalités doit justement avoir pour objet de nous séparer de plus en plus.

S'il fallait adopter les configurations territoriales comme point de départ des nationalités, quelles rives de fleuves ou quelles chaînes de montagnes devrions-nous choisir? Celles-ci, quelque hautes qu'elles soient, ont pourtant des points de discontinuité, des gorges profondes, de larges ouvertures; les fleuves ne disent rien au-delà de leur source où ils n'existent pas, et ils parlent bien vaguement en deçà, où leur ligne dévie presque aussitôt, et se perd en une infinité de ramifications et de figures. Au surplus, les nations les plus compactes, les mieux unies, sont sillonnées de fleuves et traversées de montagnes qui, loin d'être des secteurs, servent au contraire de voies de communication plus rapide et moins coûteuse, ou se réduisent à être exclusivement les gîtes des forêts, les réservoirs des eaux fertilisantes, les dépôts des produits les plus utiles. Sans doute, ces tracés naturels peuvent être acceptés comme lignes délimitatives, lorsque des raisons supérieures ne s'y opposent pas; mais, autre chose est de les adopter comme moyens de simplification, et autre chose serait de les invoquer obstinément comme base infaillible des nationalités.

L'analogie de culte et de langage n'est pas un *criterium* plus décisif : il y a très-peu d'États, même parmi les mieux organisés en nationalités distinctes, où l'on ne parle deux ou plusieurs dialectes différents. On parle l'anglais aux États-Unis, et l'espagnol dans les républiques de l'Amérique méridionale. Faut-il, pour cela, rattacher une moitié de l'Amérique à l'Angleterre, et l'autre moitié à l'Espagne? La besogne ne serait pas aisée, et nous savons, au reste, qu'à l'époque où ce lien existait, les choses allaient si mal qu'on trouva excellent de le rompre. Bien des races qui parlent des idiomes divers sont unies de cœur et d'intérêt; bien d'autres, à l'inverse, sont divisées par des antipathies insurmontables, malgré le lien de l'uniformité lexicologique.

N'insistons pas sur la raison de culte et de croyances. C'est un élément trop variable, trop confus, et destiné d'ailleurs à disparaître, dans un avenir prochain, du milieu des hommes, dont il a si longtemps bourrelé la conscience et dépravé la raison. Chercher dans la diversité des cultes le signe caractéristique des nationalités, ce serait agir contrairement aux principes des temps modernes; ce serait alimenter la discorde, entretenir la désunion, retarder l'avénement du jour où il n'y aura plus qu'une seule religion, celle de la conscience éclairée par la raison et fécondée par l'amour, et un seul culte, celui du perfectionnement de soi-même.

Je ne pense pas que la communauté d'origine et les similitudes physiologiques elles-mêmes puissent intervenir dans le débat à titre de caractères déterminants. Il serait injuste et périlleux de fondre en un seul corps de nation des groupes qui, quoique issus d'une même souche, se trouveraient séparés par cette foule de modifications qu'apportent à la longue la nature du sol et des institutions, le voisinage des autres États, et tout cet ensemble d'influences qu'exercent les hommes et les choses. Ajoutons que les investigations les plus patientes de l'histoire ne sont pas encore parvenues à établir des classifications bien rigoureuses dans le champ de l'ethnographie. Les fusions qui se baseraient sur des données aussi vagues, n'auraient le plus souvent d'autre effet que d'arrêter l'essor du groupe le plus avancé, sans donner l'impulsion civilisatrice au groupe retardataire. L'identité de caractère serait peut-être un motif plus sûr d'agrégation; mais encore ne faudrait-il pas confondre le caractère, qui est une résultante, avec le tempérament, qui n'est qu'un fait originel.

Si, par l'effet d'une loi providentielle, tous ces éléments venaient, dans un concours simultané, former autant d'unités distinctes, alors, certes, il y aurait là le signe evident d'autant de nationalités indiscutables. Mais, telles races qui parlent la même langue n'ont pas les mêmes croyances; telles autres, en conformité sur ces deux points, diffèrent de mœurs et d'institutions, ou se trouvent disjointes par les accidents de terrain les plus prononcés.

Au total, puisque ces éléments s'excluent entre eux, puisqu'ils se dérobent à des évaluations exactes, et qu'à les prendre en trop haute considération on aboutirait, ici à des morcellements microscopiques, là à des agglomérations monstrueuses, précédés et suivis les uns et les autres de discordes sanglantes, puisque cela est, nous sommes bien forcés de ne prêter qu'un médiocre crédit aux interminables et fantastiques déclamations des échafaudeurs de nationalités, et de chercher ailleurs le fondement de nos déterminations.

Reprenant une idée que nous avons émise au chapitre précédent, et qui revient ici avec le même degré d'importance et d'à-propos, nous dirons que c'est le devoir des hommes éclairés de combattre partout cette malheureuse tendance de la nature humaine, qui nous porte à mettre l'empire des faits sensibles à la place des commandements de la raison. C'est ainsi que les ressemblances animales se substituent aux ressemblances morales, que la conformité de culte et de langage se substitue à l'unisson des sympathies et à l'accord des volontés, que les configurations topographiques se substituent aux exigences psychologiques, aux prescriptions que dictent l'intérêt général, le besoin d'indépendance réciproque, les aspirations populaires vers la liberté...

Quant à nous, nous ne connaissons d'autre *criterium* des nationalités que ce besoin d'indépendance, cette nécessité d'être libres et maîtresses d'elles-mêmes qu'éprouvent les diverses collections d'hommes répandues à la surface du globe. Et puisqu'il n'y a pas de moyen plus sûr d'être renseigné à cet égard que le vote des populations, c'est en dernière analyse à ce juge souverain qu'il faut remettre la solution du problème.

Les faits historiques qui ont provoqué l'apparition de la nouvelle théorie nous en indiquent clairement les caractères essentiels, et nous tracent la voie que nous devons suivre pour la rendre féconde et triomphante. C'est de l'odieuse situation faite à l'Europe par les traités de 1815 qu'est né le principe des nationalités; c'est de la haine de ce droit barbare, qui avait permis à quelques princes de disposer selon leurs convenances et leur bon plaisir du sort de plusieurs dizaines de millions d'hommes, qu'est sortie l'idée contemporaine : l'oppression engendra le principe; nationalité devint et resta identique à liberté. Si donc cette théorie veut tenir ses promesses et remplir son rôle, il faut avant tout que les destinées des peuples ne dépendent plus de la volonté des maisons régnantes, ou du caprice de quelques ministres; il faut que les gouvernements apprennent à compter avec l'opinion, et s'habituent à agir sous la dictée des volontés populaires.

Nul peuple n'a raison d'en vouloir à un autre peuple; mais chacun d'eux a raison de ne pas vouloir être soumis à la dictature de tel gouvernement qu'il ne s'est pas donné, ni enchaîné à la marche de telle autre collection d'hommes dont les intérêts, les aptitudes, les besoins civils, politiques et sociaux, ne concordent pas avec les siens. Partout où nous rencontrerons cette divergence de volontés, cette inconciliabilité de besoins et d'aptitudes, manifestées de quelque façon que ce soit, pourvu que la manifestation soit libre et indubitable, nous pourrons, et nous devrons saluer autant de nationalités distinctes, que nous compterons de volontés incompatibles et d'intérêts de diverse nature.

V

Cette variété de besoins et de caractères, qui est une des lois les plus visibles et les plus fécondes du monde physique aussi bien que du monde moral, est la condamnation formelle du système des agglomérations, dont le Discours du 14 février dernier a annoncé l'inévitable triomphe. Ce triomphe paraît avoir été prévu et justifié par l'illustre captif de Sainte-Hélène. J'ignore jusqu'à quel point les agglomérations à la prussienne ou à la cosaque seraient du goût de Napoléon Ier, s'il pouvait revenir à la vie en l'an de grâce 1867 ; mais, ce que je sais, et ce que nous savons tous, c'est que les opinions des hommes de génie ne sont pas toutes sacrosaintes, et qu'il en est quelques-unes qu'il est prudent de n'admettre qu'avec les nombreux correctifs qu'y apportent l'expérience des temps, et les progrès de l'esprit public. Napoléon vécut à une époque où la philosophie de l'histoire, cette lumière du passé, et l'économie politique, cette initiatrice de l'avenir, étaient à peine écloses; et si l'on ajoute que son excès de génie dans la guerre, et l'habitude de vivre dans le bruit des camps plus que dans le silence des méditations historiques, ne lui laissèrent pas même à Sainte-Hélène le calme ou le loisir d'envisager clairement le mouvement futur des sociétés européennes, on aura une explication assez naturelle de l'erreur de ce grand homme sur ce point.

Agglomérations, concentrations, sont des mots bien vagues. Veut-on dire que les temps sont venus où les races d'origine commune doivent être fondues dans un ensemble homogène et compacte? La thèse est soutenable, mais la réalisation d'une pareille entreprise serait fort difficile, et d'ailleurs sans profit pour la civilisation. Irions-nous jusqu'à admettre, par exemple, que s'il existait une colonie scandinave sur les bords de la Méditerranée, il faudrait en déplacer les habitants, et les transporter aux bords supérieurs de la Baltique, de sorte qu'il y eût accession de fait? Non, sans doute. Veut-on dire, dès lors, qu'il est temps de ramener aux proportions de quatre ou cinq grands empires, de forces à peu près égales, les quarante ou cinquante royaumes et principautés existantes? Mais alors, que deviendrait le principe des nationalités que le gouvernement de Sa Majesté Napoléon III proclame et soutient à côté de la théorie des agglomérations; que deviendrait la théorie des « trois tronçons » préconisée par M. Rouher?

On veut dire tout simplement, nous répondra-t-on, en citant Napoléon Ier, que « la concentration des mêmes peuples géographiques qu'ont dissous, morcelés, les révolutions et la politique, » doit fatalement s'accomplir, et qu'il ne peut y avoir désormais en Europe « d'autre grand équilibre possible que l'agglomération et la confédération des grands peuples. » Soit: l'idée se présente sous un aspect grandiose et humanitaire; mais il nous sera permis de répondre d'abord : que le principe des nationalités est suffisant pour conduire à un pareil résultat; et de demander ensuite ce qu'on entend par grands peuples, quels doivent être les centres d'agglomeration, quels sont enfin ces peuples géographiques que la révolution et la politique ont dissous et morcelés? Ce ne peuvent être, assurément, ni la France, ni l'Angleterre, ni la Russie, ni l'Espagne, ni l'Autriche, ni même la Prusse. Restent l'Italie, la Grèce, la Turquie d'Europe, l'Allemagne.... Oui, mais à l'heure où le discours du 14 février a été prononcé, l'Italie et la Grèce étaient unes, autant qu'elles peuvent l'être, ou a peu près; quant à la Turquie d'Europe, point n'est besoin qu'elle soit agglomérée à un grand centre quelconque; et, pour ce qui regarde l'Allemagne, ou on la trouvait dans un état de concentration excessive, et alors il devenait inutile de parler d'agglomération; ou bien, on la trouvait divisée outre mesure, et alors il ne fallait pas se feliciter de la voir sciée en trois tronçons.

Convenons-en, cette théorie n'est qu'une exagération et un contre-sens. Une exagération, car, suivie jusqu'au bout, elle conduirait au partage de l'Europe en trois ou quatre vastes États, dont les peuples restants deviendraient, bon gré mal gré, des annexes qu'on ne tarderait pas à se disputer au milieu de chocs désordonnés et de luttes sans fin. Ce seraitdonc la guerre, avant, durant et après, la guerre jusqu'à l'épuisement. Un contresens, car sous le beau prétexte d'unir et de coordonner des forces éparses, elle les comprime, les annihile, ou finit par en provoquer le débordement tumultueux. S'il est un principe, en effet, sur lequel l'histoire et la raison sont d'accord, c'est que la prospérité et les progrès d'une nation dépendent en très-grande partie de l'accord naturel qui existe entre la situation et les aptitudes spéciales de ce peuple, d'une part, et son organisation politique, de l'autre. Or, l'agglomération détruit cet accord : elle fait peser le même joug sur des races de nature diverse ; elle enchaîne l'un à l'autre des génies disparates. Sans nous arrêter à l'énumération des qualités du Français, de l'Allemand, de l'Anglais, du Russe, de l'Italien, de l'Espagnol, etc., nous dirons que ces qualités variées et multiples ne peuvent se conserver et se développer que dans un système d'États indépendants les uns des autres, politiquement égaux et libres. La concentration, c'est-à-dire l'assujettissement, enlèverait leur élan et leur spontanéité aux groupes nombreux du continent européen ; elle briserait les ressorts divers qui mènent l'ensemble dans une harmonique variété, pour les convertir en un ressort unique dont le mouvement s'épuiserait à agiter des masses indigestes et chaotiques.

Ce n'est pas à dire pour cela qu'il n'y ait des agglomérations, ou, pour parler plus juste, des adjonctions aussi utiles que légitimes. Rattacher un membre au corps dont il a été séparé par les chocs de la guerre ou les fantaisies de la politique, cela est assurément juste, méritoire, conforme aux aspirations de notre temps. L'achèvement d'une œuvre aussi utile, aussi bonne, n'exige qu'une chose : le désintéressement des cabinets. Mais souder des corps d'États à d'autres corps d'États, fondre un tout dans un autre tout, lorsqu'il existe peut-être entre eux des antipathies invincibles et des intérêts opposés, cela n'est ni bon, ni utile, ni progressif.

Ce qui est bon, c'est que les peuples vivent dans un état d'indépendance respective, qui entretienne la variété, féconde la concurrence, excite l'émulation, et laisse à chaque gouvernement une charge qui n'en dépasse pas les forces, et une responsabilité qui en garantisse la bonne administration. Les raisons qui nous ont porté à multiplier la propriété et à favoriser la division du travail sont d'une application tout aussi juste dans la répartition du territoire européen. Les géants, après tout, ne sont pas plus désirables que les nains : si le morcellement engendre la faiblesse, l'atonie, la multiplicité des entraves, la concentration, en retour, livre les peuples à la bureaucratie et au sabre, et produit la déperdition des vivantes énergies, en immobilisant les activités.

Ni morcellements donc, ni agglomérations : laissons faire la nature ; contentons-nous d'en seconder la marche et le labeur ; écartons unanimement ces rêves insensés de pangermanisme, de panrussisme, de pangallicisme. S'ils venaient à se réaliser, savez-vous ce qui arriverait? Ou l'Europe deviendrait une seconde Chine, ou bien un demi-siècle ne se passerait pas sans qu'on assistât à des ruptures sanglantes, et à un retour pénible vers un ordre de choses plus conforme aux données de la nature.

Admettons, pour un instant, que la théorie des agglomérations, inaugurée par la Prusse et acceptée dans les manifestes philosophiques du gouvernement impérial, a triomphé dans toute l'Europe. L'Angleterre, qui a si imprudemment applaudi aux succès du comte de Bismark, n'est plus qu'une grande messagerie océanique; la Prusse a absorbé toute l'Allemagne, du sud au nord; la Russie a conquis Constantinople; la France possède tous les pays cis-rhénans. Ce travail, comme on le pense bien, s'est accompli au milieu de luttes et de compétitions terribles. Enfin, nous en sommes là. Eh bien, je dis que c'est à ce moment, vingt ans plus tôt, vingt ans plus tard, quarante, si l'on veut, qu'un second travail de répartition, aussi coûteux que le premier, va se manifester en Europe. Ce mouvement de dislocation commencera par la Russie. Cette puissance fera peut-être de Constantinople la capitale de son trop vaste empire : alors, sous la double étreinte des ressentiments scandinaves et polonais que viendront renforcer les convoitises germaniques, et même sous la pression unique du souffle libéral, de l'esprit d'émancipation, qui finit toujours par envahir les races primitives et longtemps comprimées, on verra le nord tout entier essayer de se soustraire et échapper bientôt au joug de la nouvelle cour du Bosphore. Que si Pétersbourg conservait son rang de capitale, le même phénomène, sous d'autres influences, se produirait au midi, de sorte que, de façon ou d'autre, l'unité russe serait brisée. Quant à la Prusse, cernée d'ambitions rivales et en face de nationalités qui n'abdiqueront jamais leurs justes désirs d'autonomie, elle ne tarderait pas à éprouver le sort de sa voisine la Russie.

Ainsi, que les hobereaux de Berlin et les tapageurs de Moscou ne se hâtent pas trop de se réjouir à la perspective des brillantes destinées que semble leur promettre la menteuse théorie des conquêtes et des absorptions à outrance. La politique des agglomérations n'offrirait, en définitive, des avantages sérieux qu'à la France, parce que l'esprit des institutions et la situation géographique de ce grand pays lui rendraient la tâche plus facile et la conquête plus durable. Et néanmoins, je n'hésite pas à répudier cette politique, d'abord parce que, à l'envisager de haut, je la trouve grosse de périls et fatale au progrès commun de l'humanité; ensuite, parce que la France de 89, la France des grands jours, ornée de gloire et d'autorité, riche de tous les dons, forte de son initiative et de ses incomparables aptitudes, n'a et n'aura jamais besoin des profits de la conquête pour être la première des nations.

Les profits aléatoires de cette politique, au surplus, ne sont pas plus indispensables aux développements ultérieurs des autres grands états, qu'ils ne le sont à l'avenir et à la prospérité de la France. Quel intérêt peut offrir aujourd'hui la conquête d'une nation par une autre nation? Est-ce que de nos jours tout n'est pas commun en Europe? Est-ce que les télégraphes, les chemins de fer, les traités d'échange et de commerce, l'imprimerie, etc., n'ont pas établi, parmi nous, un immense régime de communauté? Tout n'est-il pas à tous, et, s'il y a encore quelques entraves de ce côté, ne serait-il pas très-facile de les lever sans avoir recours ni aux fusils à aiguille, ni aux canons rayés? Le véritable conquérant au XIXe siècle, c'est le peuple le plus industrieux, c'est la nation la plus libre, c'est le pays qui produit le plus; le maître légitime, c'est celui qui peut acheter selon ses besoins, vendre ou échanger avec profit les richesses qu'il tire de son travail, de son initiative; le monde est tributaire de l'activité fécondée par la science; les mers, les océans ne sont plus un obstacle : Southampton et Saint-Nazaire sont à quelques journées de New-York et d'Aspinnwal.... Et, si la paix était certaine, si le libre-échange était universellement et radicalement admis, si la liberté régnait partout, de combien ne serait pas plus accéléré, plus grandiose, ce mouvement continu de transmissions réciproques! quel accroissement de bien-être et de satisfactions physiques et morales n'en résulterait-il pas pour les nations industrieuses et policées de notre continent!

Que l'Europe s'agglomère donc pour se désagglomérer ensuite, si cela lui convient. Mais qu'on veuille bien remarquer que les empires de Charlemagne, de Charles-Quint, de Napoléon ont passé bien vite. Quand nous voyons l'Autriche se débattre en vain contre le dissolvant de son hétérogénéité, quand nous voyons la Belgique et la Hollande se séparer au bout de quelques années de ménage, pouvons-nous raisonnablement espérer que plusieurs États fondus ensemble se résigneraient à une concentration prolongée?

Pour en finir sur ce chapitre, et essayant de résumer en une formule toute cette matière, nous dirons : Toute collection d'hommes qui trouve en elle-même des éléments de viabilité doit rester indépendante; tout peuple, tout pays qui ne trouble pas ses voisins, qui possède en lui assez d'énergies pour vivre et se développer à son aise, et qui est nanti d'une organisation régulière, quelque nom que porte son gouvernement, quelle que soit sa constitution politique, doit être respecté dans son intégrité, et sauvegardé dans son indépendance.

VI

Nous venons de passer en revue, aussi brièvement que possible, les principaux systèmes de politique internationale. Le défaut capital de ces théories, comme on a pu le voir dans l'exposé critique des chapitres précédents, c'est de ne pas avoir eu pour fondement, pour voie et pour but, les principes régulateurs et immuables de justice et d'équité réciproques, de progrès simultanés et universels, d'assentiment libre et général, qui commencent à se faire jour en Europe, et dont la formule la plus substantielle est celle de la France démocratique et libérale : Liberté, Égalité, Solidarité, Lumières, Souveraineté populaire. Si le but de la politique internationale est le progrès commun des peuples, l'amélioration morale et matérielle des individus, il nous semble de toute évidence que les principes directeurs de cette politique doivent être la justice et le désintéressement mutuel des gouvernements et des nations, et que le moyen d'atteindre à ce but doit consister dans l'exercice large et éclairé d'une liberté et d'une égalité universelles.

C'est dans l'adoption et la pratique commune de ces vérités de bon sens et de raison que l'on trouvera le dénouement final de toutes les difficultés présentes, et l'infaillible moyen de donner une satisfaction légitime aux justes aspirations de notre époque. L'importance du sujet que nous traitons nous autorise à parler en toute franchise. Qu'il nous soit donc permis de dire que jusqu'ici nous nous sommes trompés : sur la nature des principes, en cherchant dans les éléments matériels la règle directrice de nos rapports communs; sur les moyens, en abandonnant à quelques individus le soin de décider des intérêts les plus graves de l'universalité des citoyens; sur le but, en plaçant l'idéal de la grandeur dans l'accroissement et l'extension de territoire. Or, il n'y a pas d'autre principe inspirateur que la justice, il n'y a pas d'autre moyen que la liberté, il n'y a pas d'autre but avouable que l'affranchissement de l'homme, l'indépendance respective des peuples, le progrès commun et parallèle de chaque fraction, de chaque groupe de la famille européenne et de l'humanité tout entière.

C'est dire que : à la politique des cours, conduite par des personnages plus ou moins bien inspirés, et puisant la consécration de ses résultats dans les vues personnelles des souverains, parmi lesquels il s'en est rencontré presque de tout temps quelques-uns qui n'étaient que des fous, et d'autres que nous nous abstiendrons de qualifier... il faut substituer la politique de la souveraineté populaire et de la volonté nationale; qu'à la politique des solutions par les armes et des ambitions insatiables, qui ne nous ont donné, durant l'espace de plus de dix siècles, que des agitations et des misères sans fin, il est temps de substituer la politique de la liberté et de l'égalité, aussi bien dans les rapports d'individu à individu que dans les rapports de peuple à peuple.

En d'autres termes, il est temps, grandement temps, de transporter et d'appliquer dans le droit des gens les principes du droit civil, et d'accélérer en même temps l'expansion de l'elément démocratique et libéral dans les institutions privées de chaque empire, de chaque royaume, de chaque principauté.

Dès lors, l'équilibre européen reposera non plus sur la base sans cesse agitée des remaniements territoriaux et des annexions violentes, mais sur le fondement d'égalité rationnelle que tous les États devront reconnaître sans arrière-pensée, et respecter avec scrupule; les nationalités se definiront non plus par des caractères variables et incertains, mais par l'empreinte qu'elles recevront du suffrage universel; les agglomérations se donneront carrière, non plus par la réduction du nombre des États moyens, dont le rôle est si utile à l'avancement du progrès, mais par la réduction des antagonismes, par la tendance commune des peuples vers l'adoption des mêmes verités, par les emprunts réciproques qu'ils se feront, par l'abolition prompte et certaine des causes de discorde et des divergences funestes qui les divisent.

En vertu de ces principes, tous les peuples, tous les États, tous les gouvernements se trouvent libres chez eux, et à l'abri de toute ingérence extérieure; l'État le plus microscopique est politiquement l'égal du plus puissant empire; les royaumes, les duchés, les principautés, les republiques, sont nantis dans leurs relations communes des mêmes droits que les particuliers possèdent et exercent dans leurs rapports privés; sous la garantie d'une indépendance complète et réciproque, ils s'associent, se desassocient, font des traités de commerce, se déclarent amitié, vont, viennent, agissent en un mot comme ils l'entendent, dans la plenitude de leur libre arbitre, sous la seule reserve et condition de ne point porter atteinte aux stipulations fondamentales du pacte européen.

Les alliances entre peuples, d'offensives qu'elles étaient, deviennent purement des questions de goût, de sentiment ou d'intérêts pacifiques. Chaque nation recherche l'amitié de l'État le plus prospère et le plus libéral; et il s'établit ainsi un courant d'efforts louables, une cause d'émulations productives. L'intervention, la préséance, l'hégémonie, honnies et répudiées par tous les peuples aussi bien que par tous les gouvernements, sont reléguées au rang des chimères et des injustices. Entre États libres d'une égale liberté, il n'y a plus d'intervention possible; entre nations égales d'une égalité rationnelle, communément reconnue, il n'y a plus d'ambitions ni de haines raisonnables; entre populations liées par la solidarité d'un grand et unique but, il ne peut y avoir d'autre rivalité que celle des améliorations et perfectionnements de tout genre, dont les temps révèlent le besoin, et que la science se charge de traduire en fécondes réalités.

La guerre n'est plus qu'une hypothèse irréalisable : indépendants les uns vis-à-vis des autres, libres à l'intérieur, maîtres de leurs destinées et de leurs mouvements, égaux en droit, unis par les liens de la plus étroite solidarité, affranchis, en un mot, des causes qui provoquent la guerre, des ambitions et des ressentiments qui l'entretiennent, les peuples s'habituent à porter les rares motifs de dissentiment qui peuvent survenir entre eux devant l'arbitrage d'un *Grand Conseil* de députés internationaux, investis d'une autorité intransgressible, parce qu'ils sont les élus de la volonté nationale, et qu'ils prennent pour base de leurs arrêts l'intérêt général, le droit commun, l'avenir de la civilisation européenne.

VII

Que faudrait-il pour amener le triomphe de ce droit nouveau que la logique et l'équité recommandent impérieusement à notre attention, et que la situation de l'Europe impose à l'acceptation des chefs d'État, s'ils veulent épargner à notre vieux continent l'échéance des sombres réalités prédites par Montesquieu ? Il suffirait, croyons-nous, que les principes de la politique nouvelle fussent hardiment abordés et proclamés dans un prochain congrès, et qu'on formulât dans cette assemblée, alors vraiment sainte et solennelle, un *Décalogue de droit international* où se trouverait reproduite, sauf mieux, la substance des articles suivants :

Art. 1er. L'Europe se constitue en une grande confédération de peuples unis entre eux par les liens de la paix, de l'amitié et de la civilisation. Cette confédération est formée de tous les États présents de l'Europe, régulièrement organisés, et de tous ceux que les principes de ce pacte fondamental commanderont de reconnaître et d'accepter dans l'avenir. Les soussignés reconnaissent et déclarent, en effet, que les évolutions sociales et humanitaires sont des faits d'ordre naturel, et que la politique doit se borner à en régler le cours et le mouvement, en prenant pour base de ses décisions la justice, l'intérêt général et la liberté.

Art. 2. Le but de l'union européenne consiste dans la mise en commun de tous les progrès et de toutes les lumières, dans le développement des sciences et des arts, dans l'amélioration commune et simultanée de l'être social et individuel, par l'effort pacifique de toutes les activités et de toutes les initiatives.

Art. 3. La souveraineté nationale, imprescriptible et inaliénable, est la base du droit public interne et externe. Les questions de politique et d'administration intérieure des États échappent à tout contrôle et à toute immixtion venus de l'extérieur; les questions de politique internationale se résolvent pacifiquement, soit par l'effet d'un arrangement amiable dont le succès est confié à des mandataires spéciaux et choisis *ad hoc* par les parties en désaccord, soit par un recours légal et direct aux arrêts du *tribunal suprême*, dont la forme et les attributions sont indiquées aux articles 8, 9 et 10 de la présente déclaration.

Art. 4. Les États actuels sont le point de départ de la constitution territoriale de l'Europe; néanmoins, les unions forcées sont rejetées en principe, et le point de fait, à cet égard, est livré à l'appréciation souveraine du *Grand Conseil* visé par l'article précédent. Dans tous les cas, quelles que soient leur organisation politique, leurs institutions privées ou leur étendue territoriale, les divers États de l'Europe, légalement reconnus, jouissent indistinctement de droits identiques, dans l'ensemble de leurs rapports communs.

Art. 5. Dans tous les traités d'alliance, et autres, qui ne comportent ni aliénation de liberté, ni inféodation d'un peuple au bénéfice d'un autre peuple, ni réglementations militaires, ni alliances offensives ou défensives, les conventions librement résolues et acceptées font la loi des parties contractantes. Tout traité doit être rendu public, dans le plus bref délai, par chacune des parties contractantes : la violation de cette clause, considérée comme un acte de mauvaise foi, donnerait lieu à une exclusion immédiate du sein de la Confédération européenne des gouvernements qui s'en seraient rendus coupables.

Art. 6. La guerre est réputée comme le plus grand des

crimes et le plus odieux des attentats. Un désarmement général est décrété; il devra s'effectuer dans le délai de.....; le chiffre de l'effectif militaire sera fixé partout à raison de un sur mille habitants.

Art. 7. La liberté des fleuves et des mers est consacrée; les vaisseaux de commerce ont droit de cité dans tous les ports maritimes des Etats de l'Union: il sera créé et entretenu de concert une *flotte internationale*, destinée uniquement à la défense commune et à la sauvegarde des intérêts de la Confédération; le nombre des navires de guerre qui feront partie de cette flotte sera fixé et réparti chaque année par un vote du *Grand Conseil.*

Art. 8. Le congrès décrète la création d'un *Aréopage* ou *Grand Conseil international* permanent, lequel se compose de l'ensemble des députés de tous les États de la Confédération. Le suffrage universel désigne, tous les cinq ans, dans chaque État, les *deux députés* qui doivent faire partie de l'*Aréopage international*. Le *Grand Conseil* se réunit chaque année dans l'une des capitales de l'Europe que le sort a marquée d'avance; il siége sans interruption; ses attributions sont exclusivement internationales: elles consistent à juger et à résoudre en dernier ressort, et indépendamment de toute influence, de toute approbation ou désapprobation des gouvernements, toutes les contestations qui peuvent s'élever de peuple à peuple; ses arrêts sont pris à la majorité des voix, après délibération libellée et rendue publique par les soins et sous la responsabilité d'un président, dont la nomination annuelle appartient au *Grand Conseil.*

Art. 9. Celui-ci pourra se saisir *motu proprio* de tous les démêlés d'un caractère évidemment international; sa déclaration, à cet egard, sera souveraine; les pouvoirs exécutifs des divers États seront tenus de l'exécution des arrêts du *Grand Conseil*. La cause, examinée ou plaidée, selon le cas, ne pourra plus se représenter devant la juridiction de l'assemblée qui en aura décidé.

Art. 10. Les chefs et membres responsables du gouvernement qui aura violé les décisions de l'*Aréopage international*, ou aura eu recours à des voies de fait contre un des États confédérés, seront condamnés à une déchéance perpétuelle, et la nation que concernera cette déchéance sera appelée à se choisir, en toute franchise et liberté, un autre gouvernement, sans préjudice des autres déchéances et changements dont la légitimité ou l'utilité est laissée à l'appréciation souveraine des peuples.

VIII

Nous avons hâte de prévenir un reproche qu'on ne manquera pas de nous adresser par ce temps de scepticisme railleur et dédaigneux.

Eh quoi! nous dira-t-on, vous êtes assez naif pour croire sérieusement que la paix, le progrès, la fraternité deviendront des faits accomplis le jour où on les aura inscrits sur des parchemins et proclamés dans des congrès? Ignorez-vous que l'homme est... Non, mon Dieu, nous ne sommes pas si naif, et nous n'ignorons pas que l'homme est tout ce que vous voudrez, loup, selon Hobbes, ange ou dieu, selon d'autres philosophes. Mais, avec tout cela, il est imitateur, façonnable et malléable à un très-haut degré. Or, c'est justement en nous fondant sur la portee de cette dernière qualité, que nous attribuons une très-grande importance aux déclarations fraternelles, libérales, progressives, des congrès. Nous pensons que bien souvent il suffit qu'une vérité soit proclamée par les puissants de ce monde pour qu'elle acquière des titres à l'estime publique, et passe dans le domaine des grandes réalités.

On voit même alors les plus timides devenir tout d'un coup, et comme par enchantement, d'un zèle excessif, et crier de toute la force de leurs poumons que jamais de si grandes maximes n'ont été prêchées au milieu des hommes. Il nous semble, dans tous les cas, que les monarques et les excellences gagneraient bien plus de titres à notre affection et à nos respects, en faisant résonner à nos oreilles des axiomes de libéralisme et d'humanité, qu'en nous entretenant des prérogatives de la couronne, des droits de la dynastie, et de certaines autres choses, très-intéressantes sans doute, mais sur lesquelles les peuples commencent à être blasés...

Après cette réponse, aussi abrégée que possible, il nous resterait à démontrer la justice et l'utilité des dispositions de notre *Décalogue*. La dernière paraîtra peut-être extrême à quelques-uns, et chimérique à plusieurs autres. Jamais, dira-t-on, jamais un congrès de souverains ou de ministres ne fera entrer un tel article dans un acte quelconque de droit public. Sur ce point, nous sommes parfaitement de l'avis de nos contradicteurs. Mais la question n'est pas positivement de savoir si une pareille disposition sera jamais admise dans une réunion de diplomates ou de têtes couronnées; mais plutôt d'examiner si elle est juste et conforme aux intérêts de la confédération européenne. Or, cela nous paraît incontestable. Si nous ne voulons plus de la guerre, si nous ne voulons plus des entreprises violentes, si nous ne voulons plus des essais téméraires et ruineux, des collisions brutales, des jeux de la force et du hasard; si nous ne voulons plus de tout cela, il faut d'abord le déclarer bien haut dans un texte de loi positive, et ensuite, il faut établir de concert un pouvoir supérieur, qui reste armé contre tous du droit de punir les infracteurs de cette loi. Dans l'état actuel des choses, il faut bien le dire, c'est malheureusement sur les populations que retombe la responsabilité des violences commises par leurs chefs. Cela est-il juste; cela est-il bon, utile, rationnel?

Nous mentionnerons à peine les raisons qui nous paraissent justifier l'esprit, sinon la lettre, des autres articles de notre projet. Nous avons essayé de concilier le besoin de l'autonomie nationale avec les besoins de l'union européenne : nous avons voulu que cette union ne soit ni tyrannique ni illusoire, que les exigences de la politique intérieure ne soient point sacrifiées à celles de la politique générale, que la patrie s'arrête là où commence la confédération, et réciproquement que la confédération finisse là où viennent aboutir les droits de l'État. C'est pourquoi nous avons proclamé le principe de la souveraineté nationale et de la liberté intérieure, sans aucune restriction; et c'est pourquoi, d'un autre côté, nous avons remis au *Grand Conseil* la décision sans appel des démêlés que la politique occulte des cabinets tranche encore aujourd'hui par la voie du canon.

En ne reconnaissant au Grand Conseil européen que des attributions purement internationales, et en accordant à chaque État le droit de se faire représenter par un nombre égal de députés, choisis partout au suffrage universel, on répond à un triple besoin, en même temps qu'on rend hommage à un triple principe : on laisse à chaque gouvernement toute la liberté qu'il lui faut pour réaliser le bien et opérer les réformes utiles au sein des peuples; on place le sort des petits et moyens États à l'abri des convoitises et des menées des grands empires; on remet la direction des affaires générales de l'Europe aux mains d'un concile permanent d'hommes forts de leur mandat, et capables de résister à toutes les séductions par leur nombre, leur caractère et leur renouvellement quinquennal. Les principes de la souveraineté populaire, de l'égalité internationale et de la conformité de volonté du mandataire commun avec celle de tous ses mandants, se trouvent consacrés et appliqués du même coup, d'une façon visible et parlante à tous les esprits.

Débarrassée enfin des horreurs et des désolations de la guerre, assurée contre les entreprises de l'extérieur par la mise en commun des forces de terre et de mer, soumise à une législation et à une jurisprudence uniformes, claires et faciles à consulter, éclairée par les délibérations du *Grand Conseil*, libre de déployer les plus hautes vertus et la plus haute éloquence dans ces discussions d'un intérêt et d'une portée universels, l'Europe, unie et pacifiée, libre et prospère, pourrait dès lors réaliser la plus grande somme de progrès simultanés, dans un harmonique concert d'efforts, et accomplir toutes les améliorations, sous la loi d'une solidarité effective et d'une fraternité universelle.

FATACCIOLI,
avocat.

Paris, juin 1867.

Paris.—Imprimerie Jules Bonaventure, 55, quai des Grands-Augustins.

PARIS. — IMPRIMERIE JULES BONAVENTURE, 55, QUAI DES GRANDS-AUGUSTINS.

www.ingramcontent.com/pod-product-compliance
Ingram Content Group UK Ltd.
Pitfield, Milton Keynes, MK11 3LW, UK
UKHW020948220726
13924UKWH00002B/559